Aventura
en
Pico Bonito

Aventura
en
Pico Bonito

M.G. Alonzo Cortés

Dedicatoria

Este libro está dedicado a los niños de Honduras con el deseo de que crezcan amando y protegiendo lo que les pertenece como su mas valioso tesoro y patrimonio: la vida silvestre de Honduras. Está dedicado también a los niños del mundo, para que aprendan sobre un país situado en el corazón de las Américas, lleno de maravillas por descubrir. Y está dedicado a todos los padres que desean que sus hijos cuiden el mundo que un día heredarán.

Agradecimientos

Soy una persona de fe, por lo que en primer lugar quiero darle gracias a Dios por todo en mi vida. Le doy gracias por permitirme ser su instrumento, tal como creo que todos somos instrumentos de Su expresión.

Le doy las gracias a mi madre, Alma Rosa Cortés Rodríguez, por inculcarme el amor y respeto a la naturaleza y a todas las criaturas de Dios desde mi niñez. Me enseño el valor del trabajo arduo, la perseverancia y la fe. Es un modelo ejemplar y tengo la certeza de que no hubiera podido lograr la mitad de lo que he logrado sin su motivación y apoyo.

Quiero dejar constancia de mi gratitud al biólogo y extraordinario fotógrafo de la vida silvestre James Adams por la gentileza de permitirme basar mis ilustraciones en sus bellas imágenes. Fue un maravilloso golpe de suerte que una escritora de origen hondureño viviendo en Connecticut encontrara un fotógrafo originalmente de Connecticut viviendo en Honduras de tan increíble talento y generosidad.

Le doy las gracias a mi familia, especialmente a mis queridas tías Carmen, Chony y Judith por ser las mejores tías del mundo. También deseo expresar mi cariño a las familias Alonzo, Cortés, Elvir, Rodríguez y demás familiares cuyos apellidos cambian.

Deseo transmitir mi agradecimiento a los amigos y colegas que leyeron este pequeño libro y me alentaron en el camino. A Susan Kinsman,

Sandra G. Arenas y Michael A. Martone, muchas gracias por el apoyo y las valiosas sugerencias. Mikey, no hay palabras para expresarte mi gratitud por ser un amigo tan fiel e incondicional.

Mi agradecimiento a Carmen Gómez por traducir este libro con destreza y total dedicación para hacerles llegar esta historia en español.

Deseo agradecer al talentoso diseñador grafico Mario Sandoval por su paciencia y atencion meticulosa al detalle. Su ayuda fue instrumental en traer este proyecto a la fruicion.

Gracias a los maestros de los distritos escolares de Farmington y Hartford que leyeron el libro en su fase inicial y me dieron sus valiosos comentarios.

Les doy las gracias a todos y cada uno de los maestros que me enseñaron. ¡Ustedes y todos los maestros del mundo valen su peso en oro! En muchos casos, su motivación puede tener un impacto único en la vida de un niño.

Gracias al fotógrafo Tyohar Kastiel por permitirme usar su fotografía galardonada de un quetzal en vuelo.

Mi agradecimiento al gran estado de Michigan, donde viví durante mis años de formación y aprendí a creer en mí. Allí fue donde descubrí que con arduo trabajo y dedicación, todo es posible. Y por último, si bien no menos importante, expreso mi gratitud al estado de Connecticut, el cual me ha permitido desarrollarme a nivel profesional y artístico.

Tuve la buena suerte de nacer en Honduras, una tierra de gente muy trabajadora y laboriosa. Es una tierra bendecida con inmensos recursos naturales y una belleza que supera la imaginación. Que Dios bendiga y proteja mi querida Honduras para que las generaciones futuras puedan también tener el privilegio de disfrutar de su hermosura.

.

Aventura en Pico Bonito

Olguita y Oscarito están entusiasmados. Están visitando Pico Bonito por primera vez. Pico Bonito es un parque nacional que se encuentra en el bosque lluvioso tropical de Honduras, un país de Centro América donde viven muchos animales increíbles. Allí existen algunos de los recursos naturales más impresionantes y diversos de las Américas.

Pico Bonito es el hogar de muchas aves asombrosas, como: los arasarís cuellinegros; mieleros verdes; colibríes; cotingas adorables; taragónes corona azul; quetzales; guacamayas rojas; tucanes; tucanillos verdes; y loros de nuca amarilla.

Arasarí cuellinegro

1

Arasarí cuellinegro

Colibrí

Tucanillo verde

Mielero verde

4

Colibrí

5

Colibrí

Taragón corona azul

Taragón corona azul

Cotingas adorables

9

Quetzal

Tucán

Agutí

Coatí

Coatí

Tigrillo

Hay mamíferos peluditos: aguties; osos hormigueros; monos capuchinos; coatíes; kinkajúes; jaguares; tigrillos; comadrejas; osos hormigueros pequeños de pelo sedoso; tapires, ¡y hasta murciélagos blancos que no se encuentran en ningún otro lugar del planeta!

Es el hogar de armadillos plateados. Son unos mamíferos con una piel que parece una armadura de cuero. Si se les asusta, seguramente se enrollan en una bola para protegerse.

Kinkajú

Jaguar

15

Tigrillos

Comadrejas

Oso hormiguero pequeño de pelo sedoso

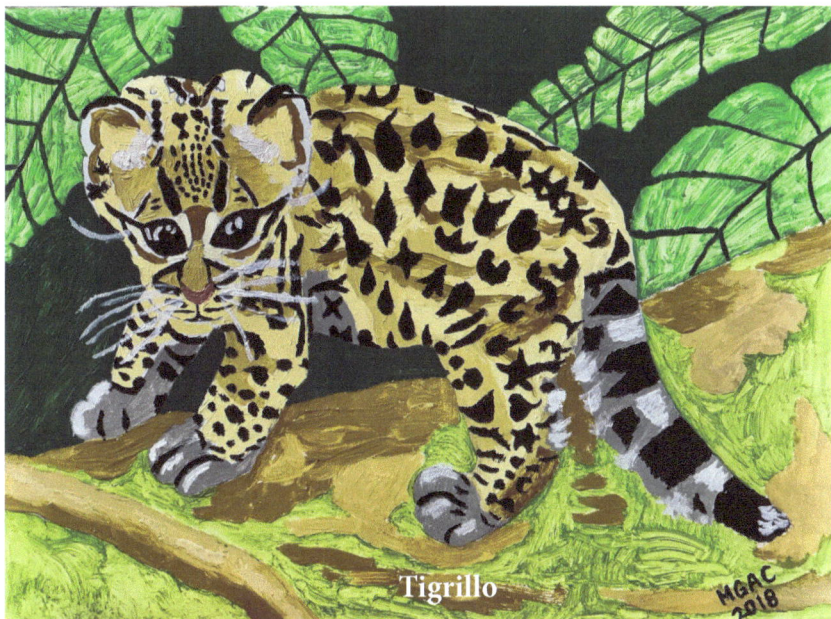

Tigrillo

Anfibios como las ranas viven allí, al igual que reptiles como: la boa; iguanas; lagartijas; la serpiente coral, y tortugas.

Rana

Abundan insectos de todo tipo. ¿Ves las mágicas mariposas de alas de cristal transparentes y las mariposas morfo azules? ¿Ves los barrenadores gigantes Ceiba metálicos y los escarabajos arlequines?

Escarabajo arlequin

Barrenador gigante Ceiba metálico

Mariposa morfo azul

Mariposa alas de cristal transparentes

Olguita y Oscarito han estudiado los animales del bosque lluvioso en la escuela. Saben que son creaturas muy especiales. Además, saben que se debe proteger a todos los animales del bosque lluvioso, desde el más grande hasta el más pequeño. Muchas cosas los amenazan: la pérdida de su hábitat por deforestación, caza ilegal y contrabando. Muchos animales se encuentran peligrosamente al borde de la extinción.

A algunos animales los mata la gente. Incluso niños con hondas matan a muchos pájaros y otros animalitos porque no se dan cuenta del daño que hacen. En Pico Bonito, los animales están protegidos de amenazas externas.

Pablo, el guía, saluda a Olguita, Oscarito y sus padres cuando llegan a Pico Bonito. Juntos, comienzan una excursión de dos horas por cuestas empinadas y arroyos de agua hasta llegar a las Cataratas.

Al llegar al primer cruce de un arroyo, Oscarito mira nerviosamente la fuerte corriente de agua cristalina que fluye veloz entre las rocas, y le susurra a Olguita: "No sé si puedo cruzar..."

Olguita le sonríe: "Claro que sí puedes. ¡Sígueme!" Pero las rocas están resbalosas y Oscarito lucha sin éxito tratando de mantener paso con el resto del grupo. Sus padres, su hermana y Pablo ya han cruzado, y él se encuentra atascado en medio del arroyo.

"No te preocupes, ya voy," le grita Pablo, al tiempo que brinca hacia Oscarito, quien agarra un extremo del bastón de Pablo, y él lo hala a salvo al otro lado del arroyo.

El grupo se para a explorar una escalera de monos. Las escaleras de monos son unas enredaderas flexibles conectadas a árboles. Pablo escala una para mostrarles cómo se cuelgan de ellas los monos. Pablo es grande y todos creen que la escalera de mono se va a quebrar bajo su peso. Pero las escaleras de monos son fuertes y no se quiebran fácilmente. Al instante, Olguita y Oscarito se turnan para mecerse. Cerca de ellos, unos monos capuchinos curiosos los observan.

"¡Ay!" grita Oscarito.

"¿Qué te pasa?" le pregunta mamá.

"¡Me acaba de picar un escorpión!"

"¿Estás seguro?" Papá, asustado, corre al lado de Oscarito.

"No te preocupes," Pablo examina el escorpión. "Este es inofensivo. La mano quizás te duela por un rato, pero el ardor se te quitará pronto." El escorpión se escabulle subiendo al árbol.

"¡Caramba! ¡Qué genial!" exclama Oscarito. "¡Verán cuando le cuente a todos en la escuela que me picó un escorpión! ¡A lo mejor hasta me salen súper poderes de escorpión!" Sus padres se ríen entre dientes; Olguita gira los ojos fastidiada con las ocurrencias de su hermanito.

La familia continúa su travesía, levantando la mirada para ver las bandadas de pájaros congregarse por encima. Se paran a mirar el magnífico espectáculo, ajustando sus binoculares sobre un par de majestuosos quetzales. Sus plumas esmeraldas tornasoladas relucen incluso bajo la luz tenue del bosque lluvioso. Es un día luminoso y soleado por encima del dosel que crea el bosque, pero los árboles proporcionan una gran cantidad de sombra.

A la distancia, planea un destello de azul eléctrico entre las copas de los árboles; un grupo de cotingas adorables está levantando vuelo. Unos arasarís cuellinegros, con su distintivo voceo, también anuncian su presencia mientras se persiguen entre las cimas de los árboles buscando fruta.

Olguita se aleja del grupo para tomar fotos de unas hermosas flores. Cuando se acerca, ve un reptil de escamas negras lustrosas asomándose entre unas hojas secas. Olguita, sobresaltada por este encuentro inesperado, da un grito y vuelve corriendo al grupo.

"¿Qué pasa?" grita papá.

"¡Acabo de ver una serpiente!"

"¿Dónde?" Oscarito está ansioso por ver una serpiente.

Olguita señala hacia unas hermosas flores llamadas aves del paraíso.

Para cuando todos se dan la vuelta a mirar, la serpiente ya se ha escabullido.

"¿Cómo era?" pregunta Pablo.

"Era negra y lustrosa!"

Pablo: "Ah... parece que era una Chironius Grandisquamis. ¡Muy buen hallazgo, Olguita! Comúnmente las llaman sipo. Parecen de cuero, casi de plástico negro azabache - por eso se ven lustrosas. Son inofensivas para las personas y comen ranas y otros animales. ¡Son las serpientes más rápidas de todo este lugar!"

"Intentemos no alejarnos otra vez, ¿de acuerdo?" –advierte mamá.

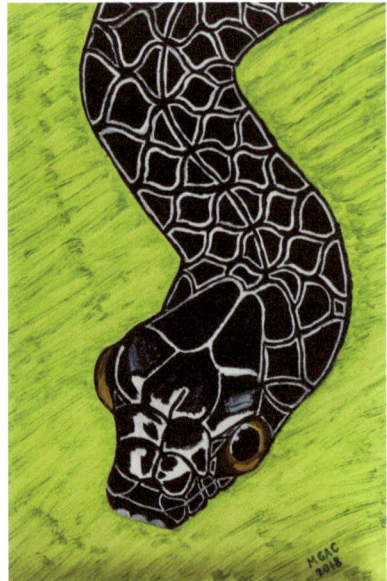

26

Oscarito, incrédulo, le susurra a Olguita: "Tú no viste una serpiente."

"¡Sí la vi!"

"¡No la viste!"

"¡No es culpa mía que seas tan lento como un oso perezoso y no veas nada!"

"¡Mami! ¡Me ha llamado oso perezoso!"

Oscarito se está cansando y poniéndose gruñón después de caminar más de una hora en el calor y la humedad. Al igual que el resto del grupo, está empapado de sudor. "¿Hemos llegado ya?" pregunta.

"Casi," contesta Pablo.

Olguita: "Tengo hambre."

"Vamos a almorzar en cuanto lleguemos a las Cataratas," le contesta mamá.

"¿Qué hay de almuerzo?" pregunta Oscarito.

"Emparedados," contesta mamá.

"¿Y de postre?" pregunta Olguita.

"No trajimos ninguno," contesta mamá.

Oscarito y Olguita se miran decepcionados. Pablo se da cuenta y les dice: "No se preocupen, chicos, podemos recoger unas naranjas frescas y rambutanes a la vuelta."

"¿Qué son rambutanes?" preguntan los niños a la vez.

"Ya verán," dice Pablo. "Es una fruta dulce y deliciosa - les va a gustar."

Justo cuando la familia cree que ya no puede dar ni un paso más, vislumbran las Cataratas. Las potentes cataratas caen sobre el lado de la montaña y golpean los enormes peñascos al fondo. Las rocas están cubiertas de un liquen espeso y aterciopelado. El arroyo claro abajo está lleno de rocas multicolor en estanques poco profundos. El escenario es prístino, pacífico, y parece estar intacto por la humanidad. La familia está paralizada, embelesada con la asombrosa belleza del paisaje.

Pablo explica que algunas de las personas locales creen que las cataratas, los arroyos y las creaturas del bosque lluvioso están protegidos por espíritus guardianes. "Algunos hasta dicen que si se toman fotos, se pueden ver unas orbes en las fotos. Esas orbes indican que los espíritus del agua están presentes."

"¿Qué son orbes?" pregunta Oscarito.

"Las orbes son burbujas transparentes que aparecen flotantes en las fotos," contesta Pablo.

"¡Vaya, qué interesante!" exclama Olguita.

"Entonces, ¿esos guardianes son buenos?" pregunta Oscarito.

"Sí," contesta Pablo. "Protegen las aguas, la flora y fauna del bosque lluvioso – es decir, las plantas y animales que viven aquí. Al menos eso dice la gente."

"¿Podemos nadar?" pregunta Oscarito señalando un estanque cercano poco profundo.

"Sí," responde mamá, "pero tengan cuidado. ¡Las rocas se ven resbalosas! No queremos que se caigan y se hagan daño."

Oscarito y Olguita saltan rápidamente al agua y empiezan a chapotear.

Después de nadar, Oscarito y Olguita vuelven con los adultos que ya han empezado a almorzar. Al sentarse, un colibrí aterriza en la gorra roja de Olguita.

"¡No te muevas, Olguita, tenemos que tomar una foto!" susurra Pablo. Como no encuentra ningún néctar, el colibrí sale volando. Seguramente el colibrí habia confundido la gorra roja con una flor.

Pablo les cuenta lo que se está haciendo para conservar y proteger la vida silvestre de Honduras. Las escuelas y organizaciones están tratando de enseñar a los niños y jóvenes a respetar y proteger los animales y plantas indígenas de la región.

"Toda vida se merece ser respetada. Necesitamos respetar la Naturaleza, porque nosotros somos parte de ella. Todos podemos hacer algo para proteger lo que existe aquí. Tenemos que proteger y conservar."

"¿Qué significa conservar?" pregunta Olguita.

Pablo: "Conservación significa manejar los recursos naturales, es decir, los animales y las plantas, para prevenir su explotación, destrucción o descuido. Hay que preservarlos de manera responsable. No solo porque es lo correcto, sino también porque es práctico. Los animales y las plantas que tenemos son únicos. Eso atrae a turistas de todo el mundo que quieren verlos. Esto crea fuentes de empleo en turismo y en nuestras comunidades."

"¿Qué es turismo?" pregunta Oscarito.

Papá: "El turismo es lo que nosotros estamos haciendo aquí, Oscar. Hemos viajado hasta aquí para ver cosas que no tenemos en la ciudad donde vivimos."

Oscarito: "¿Entonces el turismo es bueno?"

Papá: "Bueno, siempre y cuando sea equilibrado y sostenible. Si se hace bien, puede ayudar a las personas locales, como Pablo. Pero si se hace mal, el turismo puede dañar el mundo natural y eso dañaría a todos."

El grupo empieza a empacar para la caminada de regreso, y Oscarito tira su servilleta de papel y la bolsa plástica del emparedado al suelo.

"¿Pero eso qué es?" pregunta papá, señalando a la basura que Oscarito acababa de desechar.

"Recógelo, Oscarito. Tú sabes que eso no se hace. La basura se tira en el basurero," recalca Olguita, metiéndose en la conversación. Oscarito puede estar seguro que su hermana siempre aprovecha cualquier ocasión para "ayudar".

Pablo añade: "Debemos dejar este sitio igual que lo encontramos. En la Naturaleza no hay sitio para el plástico. Si los animales comen plástico, los puede matar - ¡Yo lo he visto!"

A este punto, Oscarito, sonrojado, está recogiendo la basura y pidiendo disculpas: "Yo no quisiera que les pase nada malo a los animales."

Pablo tranquiliza a Oscarito. "No te preocupes, todos nos equivocamos. Reconocer y corregir los errores es señal de madurez y responsabilidad."

En camino de vuelta a su hospedaje, se detienen a recoger fruta para el postre. Oscarito agarra toda una rama llena de rambutanes para llevársela, da un traspié, se cae por un terreno algo escarpado y rueda de cabeza hasta aterrizar de espaldas.

Mamá corre hacia él muy alarmada. "¿Estás bien, cariño?"

Oscarito, aturdido, la mira y asiente con la cabeza. Mamá le ayuda a levantarse y le sacude las hojas secas y tierra del pelo y la ropa. Su bastón para caminar está en el suelo, partido en dos.

Olguita no puede parar de reír. "Pórtate bien," dice papá, "podría haberse hecho daño."

Olguita da una disculpa desganada: "Lo siento, papá," dice aguantándose la risa.

La rama de rambutanes es casi tan grande como Oscarito, así que Pablo ofrece llevársela. Pero antes, cada uno abre un rambután para probarlo.

"¡Están deliciosos!" exclama Olguita. Los rambutanes maduros son de color rojo intenso por fuera y blanco por dentro. Son jugosos, dulces y un refrigerio o postre perfecto.

Un cuarto de milla más adelante, el grupo encuentra unas plantas de cacao que han echado fruta. Pablo arranca de un árbol la fruta grande de color morado y se la da a Oscarito y Olguita. Abre otra de un golpe y le da a cada uno parte de la fruta blanca carnosa para que la prueben. La fruta tiene un sabor sutil y delicado a chocolate. Pablo explica que la semilla que se encuentra en el centro de la fruta puede secarse y procesarse para hacer cacao, el cual luego se usa para hacer chocolate.

De vuelta en su hospedaje, la familia se prepara para la noche. "¡Hoy ha sido el mejor día que he tenido en toda mi vida!" exclama Oscarito, mientras se mete bajo las sábanas frescas. "¡Si yo pudiera ser un animal del bosque lluvioso, sería un jaguar! Así podría ser el cazador más rápido y poderoso de todo el lugar!"

"¡Seguro!," se burla Olguita, "¡Serías un mono colgándote de las ramas de los árboles, haciendo sonidos como u, u, u, u, a, a, a, a!"

"Pues no me importaría," dice Oscarito. "¡Me lo pasaría genial siendo un mono!"

Olguita: "Si yo fuera un animal del bosque lluvioso, sería un hermoso quetzal, un colibrí, o quizás un mielero verde, ¡o incluso una cotinga adorable! No sé cuál escoger, ¡porque son todos tan bellos! Volaría alto por el bosque y todos levantarían la mirada para admirar mi belleza."

Oscarito, "Si, como no, señorita cotinga-mielero verde, ¡lo que tú digas!"

Papá: "Niños, es hora de dormir —¡apaguen la luz!"

Oscarito: "¡Este sitio me encanta! ¡Me encanta desde aquí hasta el fin del universo!"

Olguita: "Jajá, el universo no tiene fin, tonto, ¡es infinito!"

Oscarito: "Exactamente!"

Olguita: "¡Estoy de acuerdo! Ahora duérmete. Mañana tenemos otro día emocionante y tenemos que descansar."

Oscarito: "¡Estoy deseando que llegue mañana! ¡Quién sabe qué animales vamos a ver! Va a ser otro día de aventura en Pico Bonito."

La escritora e ilustradora M.G. Alonzo Cortés es una abogada dedicada al servicio público ubicada en Connecticut, nacida en Honduras y criada en Estados Unidos. Es Asistente Procuradora General en la Oficina del Procurador General del Estado de Connecticut. Es Licenciada en Relaciones Internacionales con distinción de honor de la Universidad Estatal de Michigan y Doctora en Jurisprudencia de la Facultad de Derecho de la Universidad de Connecticut. Su amor a la naturaleza, los animales, y Honduras le inspiró a escribir e ilustrar este libro para mostrar a niños de todas partes algunas de las fascinantes criaturas de su país natal (Fotografía: Oscar Cruz Mercado).

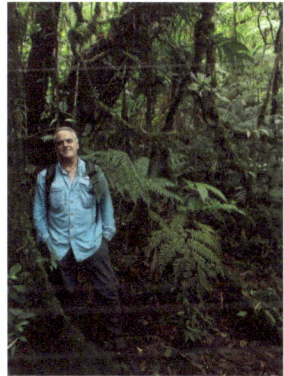

En 1999, un largo amor a la naturaleza y al mundo silvestre llevaron al biólogo James Adams al bosque lluvioso de Honduras, donde hoy día es subdirector y naturalista jefe de The Lodge at Pico Bonito. La pasión y devoción de James por la naturaleza le indujeron a dedicar su vida en Honduras a promover la conservación del mundo natural. Sus fotografías y reportajes sobre la vida silvestre han sido publicadas en numerosos libros y revistas por todo el mundo (Fotografía: Fred Muller).

www.ingramcontent.com/pod-product-compliance
Lightning Source LLC
Chambersburg PA
CBHW041817040426
42452CB00001B/2